Référencer un site internet et le faire connaître

Avoir un site internet c'est bien, mais avoir des visiteurs, c'est beaucoup mieux ! Un travail primordiale pour faire connaître votre site et faire venir des visiteurs s'intitule : SEO (acronyme de Search Engine Optimization) ou en Français : Optimisation pour les moteurs de recherche.

Cette optimisation est à prendre en considération avant même la création d'un site internet, et va le suivre pendant sa vie entière. C'est donc un travail à part entière et en constante évolution.

Avant d'ouvrir votre site web ou votre blog il est important de se poser les bonnes questions.

Mais avant de rentrer dans le vif du sujet, je pense qu'il est très important de parler de vos futurs visiteurs.

D'où viendront-ils ?

Soit vous êtes une marque très connue et dans ce cas vous aurez plus de facilité à diffuser votre adresse internet à vos clients, soit vous êtes nouveau et dans ce cas il va falloir de la patience et beaucoup de travail d'optimisation.

Mais rassurez-vous, impossible n'est pas Français !

Une grande quantité de visiteurs vient, soit directement sur votre site depuis une URL (adresse web) indiquée sur un prospectus, par bouche à oreille, via une pub... soit par les moteurs de recherche et principalement par celui de Google.

Dans ce second cas, qui est l'un des grands facteurs de visite sur votre site. Que vous soyez un géant ou un très petit, vous aurez besoin d'optimiser votre site internet pour les moteurs de recherche, car un très grand nombre de visiteurs passe par des moteurs comme Google.

Est-ce simple d'apparaître sur un moteur de recherche ?

Oui, faire apparaître son site internet sur un moteur de recherche n'est pas très compliqué. Mais le faire apparaître en tête des résultats sur tels ou tels mots-clés est beaucoup plus dur. L'optimisation et le référencement ont donc pour objectif d'améliorer le positionnement d'une page web dans les pages de résultats de recherche des moteurs de recherches en fonction des mots-clés ciblés. Le positionnement d'un site est considéré bon lorsqu'il est positionné en première page des résultats de recherche. Sachant que le top est d'être dans les trois premiers résultats.

Enjeux du SEO ?

L'optimisation pour les moteurs de recherche représente un véritable enjeu :

- capter du trafic qualifié depuis les moteurs de recherche ;
- augmenter le nombre de conversions ;
- construire une image de marque en direction des internautes ;
- permettre le référencement ;
- rendre son site visible de façon pérenne ;

Il est très important aussi de savoir qu'un moteur de recherche comme Google n'analyse pas un site, mais les pages de votre site. Ainsi, certaines de vos pages pourront apparaître sur divers mot clés dans les résultats de recherche mais pas forcément votre page d'accueil. Il est donc primordial de construire correctement toutes les pages de votre site et surtout de bien les optimiser.

Il me semble aussi intéressant de dire, qu'une même requête ne donnera pas forcément le même résultat sur un même moteur de recherche. Par exemple, Google affiche des résultats différents en fonction de votre localisation, de votre navigateur, de votre historique…

Exemple d'une requête depuis mon PC à mon domicile :

Et voici le résultat au même endroit mais avec une application Google sur Ipad :

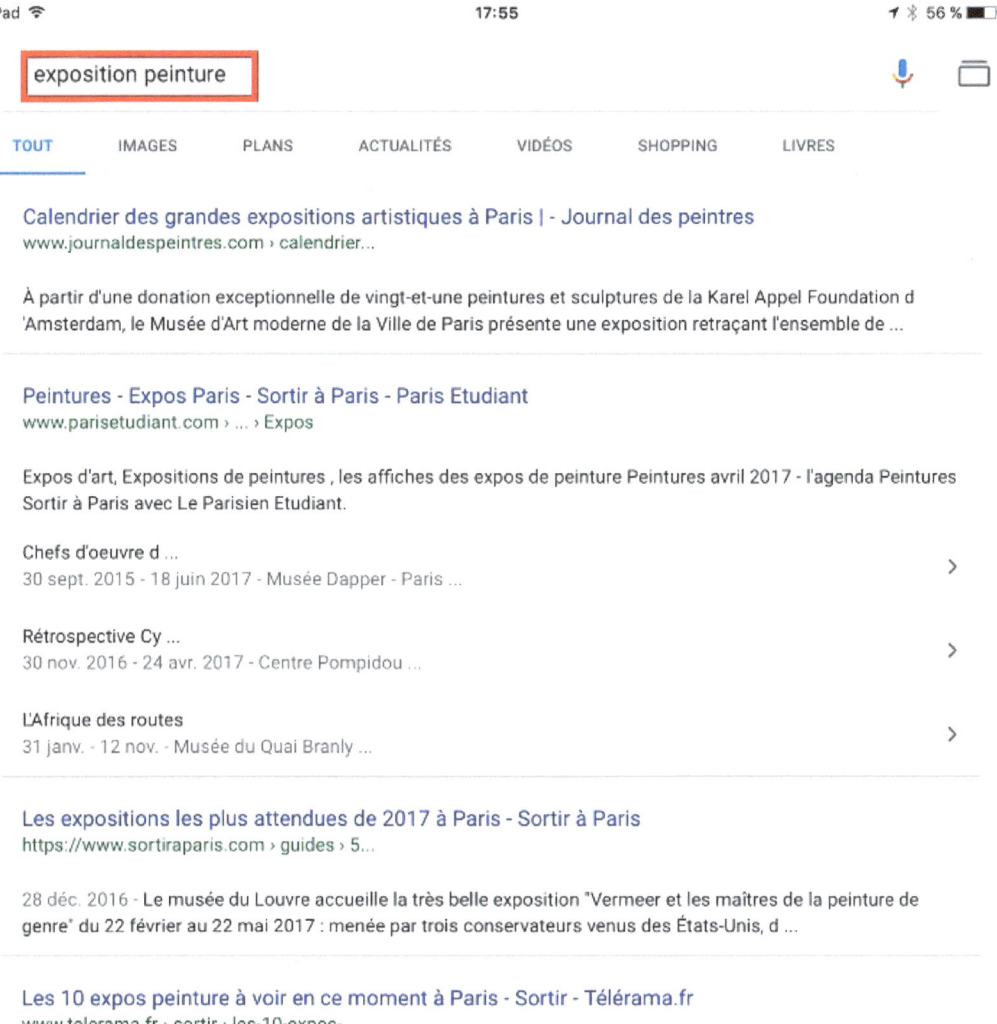

Vous pouvez constater que le site www.expositionpeinture.com n'apparaît pas en pôle position comme dans le premier exemple. Non visible dans ce second exemple, le site arrive en 8 ème position. Certe en première page, mais en fin de celle-ci ! Le taux de clics vers le site régresse largement dans ce cas.

Un moteur de recherche comme Google fonctionne à partir de différents algorithmes intitulés par exemple Panda ou Penguin. Il s'agit pour résumer, de filtres permettant à Google de classer les sites dans les résultats de recherches en fonction de tels ou tels critères ajoutés par les ingénieurs de Google très régulièrement. Vous comprenez mieux maintenant, pourquoi il faut se tenir informé quotidiennement des nouveautés en matière de référencement. Nous allons maintenant aborder les bases du référencement et de l'optimisation SEO pour votre site web.

Même si les algorithmes évoluent sans cesse, il y a quand même des règles à respecter qui sont, elles, assez invariables.

Bien réfléchir à son site internet avant sa création :

Il faut savoir qu'un moteur de recherche comme Google adore le contenu. Donc un site vide à peu de chance de ressortir dans les résultats de recherche.

Il y a donc plusieurs possibilités :

- Faire un site statique, c'est-à-dire un site qui n'aura pas d'interaction avec vos visiteurs. Dans ce cas il faudra que vous ajoutiez régulièrement du contenu de qualité et si possible documenté (photos, vidéos, dessins...). Par exemple, faire un blog parlant de votre actualité, de votre passion, de votre entreprise ou autre.
- Faire un site dynamique, dans ce cas vos visiteurs contribueront à l'enrichissement de celui-ci. Par exemple, le site www.expositionpeinture.com est dans ce cas. Les artistes peintres peuvent s'inscrire gratuitement sur le site et publier leurs peintures.

Pour un amateur en programmation, il est naturellement plus simple de faire un site statique que dynamique. Si vous n'avez pas de connaissance en programmation, il faudra faire appel à des professionnels pour créer votre site.

Un site statique peut-être très bien référencé aussi, à partir du moment où vous l'enrichissez régulièrement. Si vous n'avez pas de grande connaissance en programmation, alors, un CMS (Système de gestion de contenu) fera très bien l'affaire. Pour un Blog, Google propose Blogger gratuitement ou un autre très connu et gratuit aussi, qui s'appelle Wordpress.

Bref, en fonction de votre projet, il existe des CMS spécifiques qui pourront faire l'affaire pour obtenir un beau site internet ou Blog.

Un autre point très important avant de lancer son site, consiste à définir son nom de domaine (URL). Le NDD (nom de domaine) est un élément pris en compte dans le référencement, mais il est aussi important pour vos visiteurs. Un NDD simple à retenir est important pour que vos visiteurs reviennent directement sur votre site sans passer par un moteur de recherche. Préférez un NDD en .FR ou/et en .COM si vous êtes Français, et si possible, un nom assez court. Même si bien des noms sont déjà réservés, il est judicieux de prendre un peu de temps pour trouver un nom de domaine adéquat et surtout disponible.

Il faut savoir aussi, qu'une fois votre NDD trouvé, il est bien pour votre référencement de l'acheter pour au moins 3 ans. En effet, il semble que la date d'expiration soit un élément pris en compte. Un site ayant une date d'expiration de son URL plus longue sera plus crédible.

Avant d'ouvrir un site internet ou un blog, il est très important de bien réfléchir au nom de domaine (NDD) que vous allez lui attribuer. Le NDD est un élément pris en compte dans le référencement de votre site internet, mais il est aussi important pour vos utilisateurs. En effet, un nom simple à retenir et à écrire facilite l'accès direct à votre site. Côté référencement, c'est un élément pris en compte par les moteurs de recherche. De plus, il est intéressant aussi d'avoir un nom de domaine lié au sujet de son site (sauf pour une marque connue). Par exemple si vous avez un site qui parle de voiture, le ndd voiture.com ou voiture.fr peut être un plus. Il aura plus de chances, même si ce n'est pas si simple, de ressortir sur le mot clé « voiture » dans les résultats de recherche. Evidemment, les ndd sont déjà bien souvent pris, il faudra donc essayer des substituts, pour obtenir une chance d'acquérir un nom qui ne soit pas déjà pris.

Attention à ne pas faire de cybersquattage, même involontairement !

Le cybersquattage, plus couramment désigné par l'anglicisme cybersquatting, est une pratique consistant à enregistrer un nom de domaine correspondant à une marque, avec l'intention de le revendre ensuite à l'ayant droit, d'altérer sa visibilité ou de profiter de sa notoriété.

Faire le choix le plus adapté à vos attentes et surtout à celles des visiteurs !

1 / Le NDD doit être facile à comprendre et à écrire. Posez-vous la question : Les gens sauront-ils écrire mon nom de domaine ?

2 / Les mots-clés oui, mais pas trop ! Les mots-clés sont intéressants d'un point de vue référencement, mais sans excès.

3 / Concernant un nom de domaine, plus c'est court, mieux c'est !

4 / Une société française qui possède son .fr c'est bien, mais également son .com, c'est mieux. Pour une entreprise, il est intéressant aussi de se protéger en prenant son domaine en d'autres extensions comme .be, .eu, etc...

5 / Pas trop de tirets ! Les tirets au sein de votre nom de domaine peuvent porter à confusion. Il faut savoir aussi que Google inflige une pénalité aux domaines ayant trop de tirets.

6/ Si votre NDD comporte un chiffre il est recommandé de réserver également la version en chiffres avec des lettres et de faire une redirection. Exemple : SEO1.FR et SEOUN.FR

7 / En France il vous faut privilégier un .fr, sinon un .com est très bien aussi.

8 / Attention aux marques ! Si une marque identique à votre NDD a été préalablement enregistrée, votre responsabilité pourrait être engagée.

Optimiser le référencement :

Comme nous en avons déjà parlé ci-dessus, un moteur de recherche analyse vos pages, il est donc nécessaire de bien structurer chacune d'entre elles. Généralement les webmasters ont tendance à délaisser les autres pages de leur site, mettant la priorité sur la page d'accueil. Il s'agit d'une erreur, car bien souvent le contenu intéressant se trouve sur les autres pages du site.

Pour toutes vos pages, il faudra impérativement choisir un titre unique, une URL et des métas spécifiques.

N'oubliez jamais que pour avoir une bonne structure, les pages d'un site doivent :

- Avoir un contenu original et attractif
- Un titre bien choisi
- Une URL adaptée
- Un corps de texte lisible par les moteurs
- Des balises META décrivant précisément le contenu de la page
- Des liens bien pensés
- Des attributs ALT pour décrire le contenu des images.

Les moteurs de recherche cherchent avant tout à fournir un service de qualité à leurs utilisateurs. Il s'agit donc de donner les résultats les plus pertinents en fonction des recherches utilisateurs. Le point primordial est donc avant de penser à améliorer le référencement, de s'attacher à créer un contenu consistant et original.

D'autre part, les moteurs de recherche accordent de l'importance à la mise à jour des informations. Le fait de mettre à jour les pages du site permet d'augmenter l'indice accordé par le moteur au site.

Titre de la page

Le titre est un élément déterminant pour décrire succinctement le contenu de la page. C'est notamment le premier élément que le visiteur va lire dans la page de résultat du moteur de recherche. Le titre d'une page web est décrit dans l'en-tête de la page web, entre les balises <TITLE> et </TITLE>.

Le titre doit décrire le plus précisément possible le contenu de la page web et sa longueur totale recommandée ne doit idéalement pas dépasser la soixantaine de caractères.

Enfin, il doit idéalement être aussi unique que possible dans le site, pour que la page ne soit pas considérée comme du contenu dupliqué.

URL de la page

Certains moteurs de recherche accordent une importance capitale aux mots-clés présents dans l'URL, notamment les mots-clés présents dans le nom de domaine. Il est donc conseillé de mettre un nom de fichier adapté, contenant un ou deux mots-clés, pour chacun des fichiers du site plutôt que des noms du genre page1.html, page2.html, etc.

Une technique appelée URL-Rewriting consiste à écrire des URL lisibles et contenant les mots-clés du titre de la page.

Corps de la page

Afin de valoriser au maximum le contenu de chaque page, il est nécessaire que celui-ci soit transparent (par opposition aux contenus opaques tels que le flash), c'est-à-dire qu'il comporte un maximum de texte, indexable par les moteurs. Le contenu de la page doit être avant tout un contenu de qualité adressé aux visiteurs, mais il est possible de l'améliorer, en veillant à ce que différents mots-clés soient présents.

Il faut aussi penser à la hiérarchie de votre page en utilisant les balises H1, H2, H3, afin de bien faire comprendre de quoi parle votre page. Ne dupliquez pas votre titre dans les balises mais essayez de trouver des phrases différentes reprenant les mots clés de votre sujet.

Balises META

Les META Tags sont des balises non affichées à insérer en début de document HTML, afin de décrire finement le document. Etant donné l'usage abusif des métas constaté dans un nombre important de sites web, les moteurs utilisent de moins en moins ces informations lors de l'indexation des pages. La balise meta "keywords" a ainsi été officiellement abandonnée par Google. Il est cependant important de bien rédiger les balises « title » et « description ».

Il existe également de nouvelles balises nommées « Open Graph ». La définition officielle du protocole Open Graph indique que c'est un protocole qui permet à une page web de devenir un objet "riche" dans un réseau social. Plus concrètement, le protocole Open Graph est un ensemble de balises qui permet à un webmaster de donner aux principaux réseaux sociaux (Facebook, Google +, Twitter, Linked in...) des informations précises sur ses pages.

Ces informations permettront aux réseaux sociaux de mieux afficher un lien sur une des pages, qui aurait été placé par leurs utilisateurs. Le protocole Open Graph a été créé à l'origine par Facebook et est désormais géré par l'Open Web Fondation.

Les balises « Open Graph » n'améliorent pas votre référencement mais sont très intéressantes pour le partage de vos articles dans les réseaux sociaux.

Attributs ALT des images

Les images du site sont opaques pour les moteurs de recherche, c'est-à-dire qu'ils ne sont pas capables d'en indexer le contenu Il est donc conseillé de mettre un attribut ALT sur chacune des images, permettant d'en décrire le contenu. L'attribut ALT est également primordial pour les non-voyants, navigant à l'aide de terminaux en braille.

Nous n'allons pas rentrer dans le détail technique des différentes balises, car ce n'est pas le but de ce livre et que vous trouverez largement toutes les explications sur le net.

NetLinking

Le terme NetLinking désigne le fait d'obtenir des liens externes pointant vers son site web, car cela augmente d'une part le trafic et la notoriété de son site, d'autre part car les moteurs de recherches prennent en compte le nombre et la qualité des liens pointant vers un site pour caractériser son niveau de pertinence (c'est le cas de Google).

Le NetLinking est un point très important pour votre référencement, mais attention aux pièges de certains sites proposant d'ajouter un lien vers votre site sur des dizaines d'annuaires en échange de rémunération. Ce procédé risque de pénaliser votre référencement. Il est souhaitable par contre, de faire des échanges de liens avec des sites traitant du même sujet. Il est certain que vous y passerez du temps et que vous aurez de nombreux refus, mais le jeu en vaut la chandelle.

Le crawl

Le référencement commence par le crawl (en français exploration) de votre site par les robots d'exploration des moteurs de recherche. Il s'agit d'agents parcourant les sites à la recherche de nouvelles pages à indexer ou bien de pages à mettre à jour. Un robot d'indexation agit en quelque sorte comme un visiteur virtuel : il suit les liens présents sur votre site afin d'explorer le maximum de pages.

Il est donc important que les pages de votre site puissent facilement être explorées à partir de liens internes depuis un menu, par exemple, ou encore, depuis des liens ajoutées dans vos textes.

Vitesse de chargement des pages

Un élément important pour votre référencement réside dans la vitesse de chargement de vos pages. Google prend cet élément en compte dans son algorithme et plus particulièrement pour les résultats de recherche sur mobile.

Il convient donc d'optimiser vos scripts et surtout vos images, afin d'améliorer le temps de chargement de vos pages.

Contenu dupliqué

Attention, ce point est très, très important pour votre référencement. Le contenu dupliqué (en anglais duplicate content), c'est-à-dire : de nombreuses pages du site ayant le même titre, ou bien des pages du site dont le principal contenu existe sur le site ou encore des sites tiers.

Une trop grande proportion de contenu dupliqué sur un site peut conduire à une pénalité algorithmique, il est donc conseillé de bloquer un tel contenu à l'aide d'un fichier robots.txt ou une balise META robots ayant pour valeur "noindex".

Il est aussi vivement recommandé de ne pas faire de copier coller sur un autre site.

Responsive web design

Un site web adaptatif (anglais RWD pour responsive web design, conception de sites web adaptatifs) est un site web dont la conception vise, grâce à différents principes et techniques, à offrir une consultation confortable même pour des supports différents.

Ce point est aussi un élément pris en compte par les moteurs de recherche. Votre site doit maintenant pouvoir s'adapter aux divers supports (mobile, tablette, P.C). L'avenir se dessine à grand pas vers les mobiles.

À l'heure où des centaines de tailles et formats d'écrans différents se connectent à chaque instant, la méthode du Responsive Web design apparaît comme la "solution de facilité" en vertu de son objectif principal: s'adapter à tout type d'appareil de manière transparente pour l'utilisateur. L'un des avantages indéniables depuis quelques temps est que Google met en avant les sites "adaptés au mobile" au sein de ses résultats de recherche.

Utiliser un Sitemaps

Le protocole Sitemaps permet à un webmestre d'informer les moteurs de recherche sur quelles adresses d'un site web sont disponibles pour l'indexation automatique. Proposé initialement par Google, cette technologie a ensuite été adoptée par Live Search (désormais Bing), Yahoo, Ask et Exalead. Elle est également utilisée par Orange, Yandex et Baidu.

Chez Bing, la soumission du fichier sitemap.xml ou sitemap.xml.gz, s'il est compressé, peut se faire au travers d'une simple requête http. Il s'agit d'un plan de site (« sitemap ») compréhensible par les robots d'indexation, rédigé sous forme d'un fichier XML ou texte qui répertorie les URL d'un site permettant ainsi d'inclure des informations complémentaires sur chaque adresse, comme sa date de dernière modification, la fréquence de mise à jour et son importance par rapport aux autres adresses du site. Cela permet donc aux moteurs de recherche d'explorer le site plus intelligemment.

Source : Wikipédia

Pour un grand volume de pages à indexer, il est préférable de soumettre plusieurs sitemaps d'environ 1500 à 2000 URL maxi.

Pas de pop-up publicitaires

Google n'aime pas et les visiteurs non plus. 77 % des utilisateurs ne supportent pas les fenêtres publicitaires qu'ils doivent fermer ! Un sondage effectué aux USA par Harris Interactive le confirme : 4 consommateurs sur 5 (80 %) trouvent que les publicités qui s'étalent sur la page et recouvrent le contenu sont une source de grande frustration. 79 % sont frustrés par les publicités lorsqu'ils ne parviennent pas à trouver le bouton Fermer. 76 % estiment que les publicités « pop-up » sont très frustrantes. 60 % rejettent les publicités animées qui se déclenchent automatiquement, nanties de surcroit d'une musique trop forte.

Séduire vos lecteurs rapidement

En effet il est important d'avoir du contenu sur un site mais il faut aussi qu'il séduise vos lecteurs ! Un utilisateur arrivant sur votre site pourra repartir 10 secondes après ! Soyez attentif à votre contenu.

HTTPS ou HTTP pour le référencement de mon site web ?

HTTPS c'est quoi ?

Peut être avez-vous remarqué dans votre navigateur comme Google Chrome que certains sites affichent maintenant une URL commençant par HTTPS au lieu de HTTP. Vous pouvez aussi remarquer que dans le cas d'une adresse en HTTPS un logo sécurisé s'affiche contrairement à HTTP. HTTPS est l'acronyme de : HyperText Transfer Protocol Secure, ou en Français : protocole de transfert hypertexte sécurisé. C'est une combinaison du HTTP avec une couche de chiffrement comme SSL ou TLS. Ce protocole permet au visiteur de vérifier l'identité du site web auquel il accède. Grâce à un certificat d'authentification émis par une autorité tierce et réputé fiable. Il garantit en principe la confidentialité et l'intégrité des données envoyées par l'utilisateur et reçues du serveur. Il peut aussi valider l'identité du visiteur, si celui-ci utilise également un certificat d'authentification client. Ce protocole est aussi utilisé pour les commerces électroniques et bien d'autres choses.

Et côté référencement ?

Le HTTPS ou navigation sécurisé devient un critère dans la pertinence de l'algorithmique sur un moteur de recherche comme Google. Ce critère est bien évidement moins important que le contenu d'un site, mais reste un facteur supplémentaire pour votre référencement. Il est intéressant de savoir que ce critère est analysé page par page et non sur l'ensemble d'un site. Il faut savoir aussi que depuis janvier 2017, le navigateur Google Chrome alerte les utilisateurs qui se trouvent sur une page d'authentification non protégée par HTTPS. Si vous avez un e-commerce, le protocole HTTPS est par contre un facteur primordial à prendre en considération. Qu'il s'agisse de la confiance des utilisateurs ou du référencement de votre boutique en ligne et surtout si vous souhaitez publier sur Google Shopping. En effet, depuis février 2016, cette notion est obligatoire !

www ? Avec ou sans pour votre nom de domaine ?

Le NDD de votre site web doit il avoir www ?

Comme vous le savez sûrement, il est possible d'accéder à un site web en indiquant une URL, contenant » www » comme par exemple : www.expositionpeinture.com. Il est également souvent possible d'y accéder sans les « www » comme par exemple : expositionpeinture.com.

Que votre site web utilise ou non un accès par « www », ce choix n'a pas grande importance pour votre référencement. La seule chose très importante consiste à ne pas faire du «duplicate content ». L'une des solutions simple à mettre en œuvre, consiste à faire une redirection d'URL. Ainsi, votre nom de domaine pourra être atteint en utilisant ou non le « www ». Cette méthode évitera aussi et surtout le « duplicate content ».

Les moteurs de recherche ne font pas de différence entre les sites ayant dans leur ndd (nom de domaine), www et ceux ne l'ayant pas. Néanmoins, cela peut poser des problèmes si votre site est accessible dans les deux cas : il pourrait être doublement indexé, comme s'il existait deux sites distincts, et les contenus seraient alors analysés comme étant dupliqués – D'où le terme « duplicate content ». Il s'agit d'un point vraiment négatif concernant votre référencement naturel, qu'il faut absolument éviter.

C'est quoi WWW ?

WWW = World Wide Web ou en Français : Internet. Utilisé aux débuts d'Internet, cette appellation renvoie au fait de pouvoir consulter des pages web via un navigateur. Sa présence n'apporte aucune information en sus sur votre site web et n'est pas obligatoire.

Que faire pour résoudre ce problème ?

Comme indiqué plus haut, la solution la plus simple à mettre en œuvre est de faire une redirection permanente (301). Celle-ci indique aux moteurs de recherche de remplacer la première adresse par la seconde.

Plusieurs méthodes sont possibles :

1 / La configuration d'un fichier htaccess

2 / L'utilisation des ressources de votre CMS (si c'est votre cas)

3 / Paramétrer la redirection depuis votre hébergeur

Pour que votre redirection soit prise en compte par Google rapidement, vous pouvez signaler un changement d'adresse via Google Search Console.

L'autre avantage d'une redirection ?

Le référenceur pense toujours aux moteurs de recherches, ce qui est une très bonne chose, mais il faut aussi penser à l'humain ! Il y a des personnes qui ne maîtrisent pas très bien internet. Imaginez donc quelqu'un qui oubli les « www » pour accéder à votre URL et qui tomberait sur rien, ou une page erreur, etc… pas top, non ?

Pour résumer :

Si vous suivez les points ci-dessus vous devriez rapidement obtenir de bons résultats pour votre référencement. Ne soyez pas trop pressé, car le référencement demande de la patience et du travail.

Il est important aussi de ne pas ajouter votre site dans les moteurs de recherche si celui-ci est en construction, vous perdrez du temps.

Même si il n'y a rien d'obligatoire, il est préférable de laisser venir les moteurs à vous au début et ensuite, si ce n'est déjà fait, de soumettre votre site. Vous aurez ainsi un peu de temps pour apporter du contenu à votre site.

Utiliser les outils Google :

Pour suivre l'évolution de votre site, Google propose divers outils gratuits très intéressant.

- Google Search Console : un outil pour contrôler les données relatives aux résultats de recherche Google pour vos sites web.

- Google Trends : Découvrez les dernières tendances, données et visualisations sur Google, ainsi que les tendances actuelles à proximité de vous.

- Google Adsence : Transformez votre passion en source de revenus. AdSense est un moyen simple et gratuit pour gagner de l'argent en plaçant de la publicité sur votre site Web.

Parler des outils Google demanderait d'écrire un livre à part entière pour chacun d'entre eux. Je vous conseille dans un premier temps, d'apprendre à les utiliser et petit à petit de vous perfectionner. Assez simple à prendre en main, ils sont un allié dans votre référencement et dans le suivi de votre site. N'hésitez pas à vous en servir, en plus ils sont gratuits.

Comment parler d'audience et ne pas parler de Google Analytics ?

Analytics est un outil gratuit professionnel d'analyse d'audience Internet. Il est très important pour un webmaster de connaître l'audience de son site internet. Par exemple le nombre de visiteurs, le nombre de pages consultées, la durée, la provenance, etc. Grace à Analytics vous pourrez avoir un maximum d'informations sur vos visiteurs. Il vous permet également d'évaluer le nombre de ventes et de conversions, outil indispensable pour un e-commerce.

Analytics vous donne aussi la possibilité de mesurer l'impact des mobiles sur votre activité, de connaître le nombre d'internautes qui visitent votre site, la façon dont ils interagissent avec celui-ci, ou encore le montant de vos ventes.

Google Analytics est capable également d'évaluer le succès de vos programmes marketing sur les réseaux sociaux, d'étudier l'intérêt qu'ils portent à votre contenu sur les différents réseaux sociaux, etc. C'est aussi un outil d'analyse de la publicité. Vous pourrez évaluer les performances de vos annonces. Vous pouvez aussi lier l'activité de votre site Web à vos campagnes marketing.

Bref, comme vous pouvez le comprendre, c'est un outil indispensable pour suivre l'audience de votre site web.

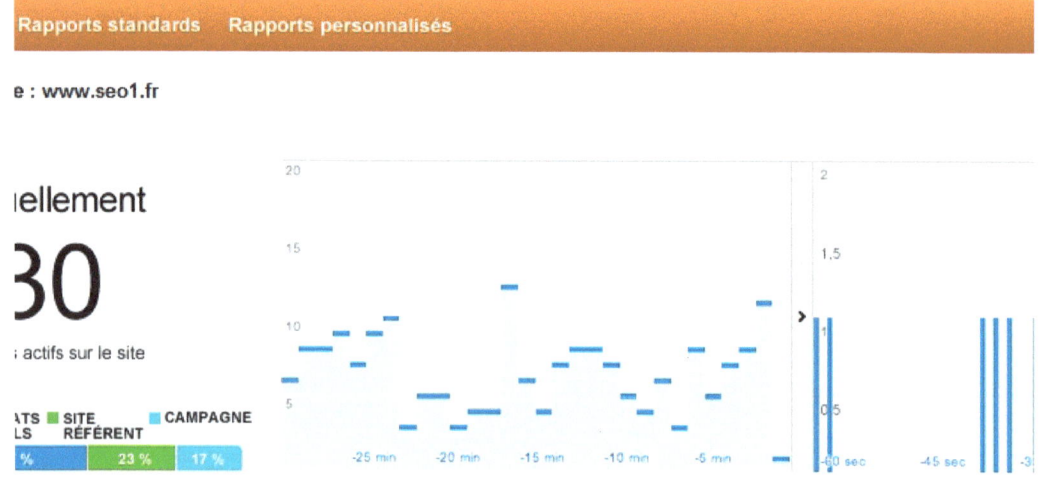

Comment me former à Google Analytics ?

Le support de Google Analytics propose un service de formation et un service d'assistance. Vous pouvez en prendre connaissance gratuitement depuis cette adresse. La prise en main est assez simple, mais il faudra un peu de temps pour bien manipuler cet outil et le pousser à son paroxysme. Vous avez donc deux solutions pour bien maîtriser Analytics, soit passer du temps dessus et vous former correctement depuis le centre de formation, soit demander à un professionnel de vous aider. Car il faudra aussi savoir interpréter les résultats de ce formidable outil.

Les outils SEO en ligne

En parcourant le web, vous trouverez des sites proposant de faire un audit SEO en ligne de votre site, gratuitement. Vous pouvez toujours essayer, mais il faut rester prudent avec ce genre d'outils. En général, le but est de vous vendre une prestation de référencement par la suite. Ils peuvent être intéressants pour détecter des fautes graves dans votre conception, mais pas plus ! L'autre problème réside dans l'indexation de cet audit par les moteurs de recherche.

Vous pouvez d'ailleurs faire le test de prendre un site très réputé et de voir le score obtenu par cet audit. Bien souvent, vous constaterez qu'il y a plein de problèmes détectés, alors que le site est très visité ! Paradoxal, non ?

Les clés d'un bon référencement naturel ?

- Un contenu riche et régulier
- Des pages bien construites, rapides et responsives
- Des échanges de liens appropriés
- Des liens internes permettant de bien naviguer (visiteurs+robots)
- De la patience

Un travail rigoureux et régulier pour apporter du contenu de qualité, est l'atout majeur de votre référencement naturel. Ne vous croyez pas plus intelligent que Google ! Une partie de ces ingénieurs travaillent à temps plein, du matin au soir, à perfectionner l'algorithme des moteurs de recherche. Les astuces que pourraient imaginer des 'malins', ils sont en mesure de les détecter tôt ou tard. Ensuite, ce sera terminé pour vous ! Enfin pour votre site et ça pendant longtemps.

En complément

Si votre site internet est construit, vous pouvez en parallèle utiliser d'autres outils pour le faire connaitre.

1/ Les réseaux sociaux (Facebook, Twitter, Google+, etc.)

Les réseaux sociaux sont incontournables pour faire connaître votre site en parallèle. Nous parlerons ici principalement de Facebook.

Facebook n'aide pas au référencement naturel (SEO). Facebook est complémentaire pour faire connaître son site, mais n'aide absolument pas à son référencement naturel. Idem pour les autres réseaux sociaux.

Facebook est devenu une véritable plateforme pour faciliter le business. Environ 1,9 milliard d'utilisateurs dans le monde toujours en augmentation, une technologie qui ne cesse de croître via mobile (Messenger, Instagram et Whatsapp). C'est aussi des formats publicitaires toujours plus innovants (de la vidéo et du rich média)… Facebook est devenu un endroit incontournable pour les entreprises désireuses de faire du business sur Internet.

1 / Développez votre bot : Messenger permet aux développeurs de concevoir des chatbots, des robots permettant de converser avec les internautes. Il s'agit d'une intelligence artificielle pour interagir avec les utilisateurs. En déléguant à ces bots divers services, les marques peuvent espérer d'énormes économies. Une I.A disponible 24h/24

2 / Un incontournable, l'ajout de boutons Facebook à votre site : N'hésitez pas à intégrer à vos pages web des boutons sociaux pour faire des appels vers votre page Facebook. Vos visiteurs pourront liker ou partager vos pages. La page Facebook est un bon moyen d'entretenir le contact avec ses clients et prospects en leur apportant, à moindre frais, du contenu ou des offres promotionnelles. Comment intégrer des boutons sur vos pages web

3 / Personnalisez l'URL de votre page : Il est important de ne pas se contenter d'une URL automatique. Vous pouvez facilement personnaliser votre adresse, pour l'attribuer à votre page sociale. De quoi faciliter son apparition dans les résultats des moteurs de recherche de Facebook et Google.

4 / Le badge « Très réactif aux messages » : Si vous avez répondu en moins de 15 minutes à 90% des messages que vous avez reçus au cours des 7 derniers jours, vous aurez accès au précieux « Très réactif aux messages ». Vos visiteurs connaîtront ainsi votre taux de réactivité dans vos réponses.

5 / Postez des vidéos: L'arrivée du format autoplay (la vidéo se lance automatiquement, mais sans son, dès que l'utilisateur l'a en visuel) et du live ont fait de Facebook le royaume de la vidéo. Encore plus diffusé que sur Youtube, la vidéo est un élément majeur pour votre page Facebook, principalement en live.

6 / Complétez la section « A propos » : Une des rubriques de votre page que vos visiteurs Facebook iront consulter bien souvent. Ils viendront y chercher certaines informations pratiques : vos points de ventes, leurs horaires d'ouverture, la localisation de votre entreprise …

Il existe aussi des plateformes permettant de publier automatiquement vos post sur vos réseaux sociaux.

Exemple : www.sociallymap.com

Alimentez automatiquement vos médias sociaux. Vos publications au bon endroit, au bon format et dans un timing parfait Sociallymap vous permet de diffuser automatiquement vos contenus (articles, photos, vidéos, statuts, …) vers vos différents profils, tout en respectant les timing et formats optimaux. Vous restez alors concentrés sur les tâches à fortes valeurs ajoutées telles que la création de vos publications, ou la gestion des conversations. Sociallymap s'occupe de la diffusion, selon le dispositif que vous avez construit.

Il existe maintenant plusieurs réseaux sociaux, les incontournables sont :

- Facebook
- Twitter
- Google+
- Instagram

Attention de bien cibler vos réseaux en fonction de votre contenu. Essayez d'utiliser des # dans des mots clés et de mettre des descriptions.

2 / Le référencement payant (SEA)

Complémentaire du référencement naturel, le SEA est un acronyme pour Search Engine Advertising qui signifie : publicité sur les moteurs de recherche.

Il existe diverses plateformes proposant ce genre de services, la plus connue étant Google AdWords.

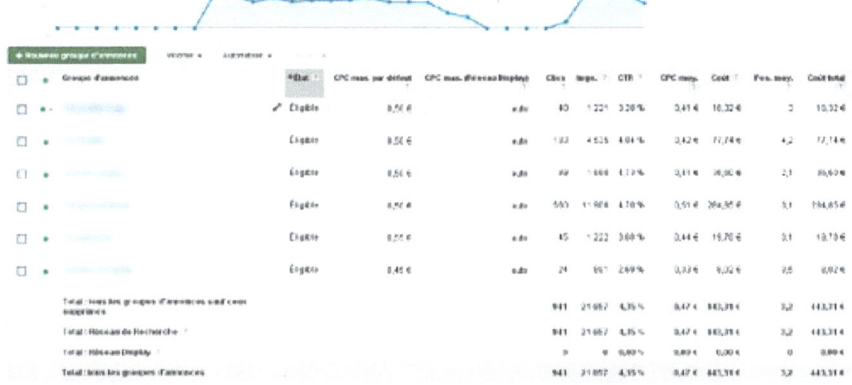

Votre annonce sur Google grâce à AdWords

Pourquoi le terme AdWords ?

« Ad » pour Advertising : Publicité et « Words » pour : mots. AdWords est une régie publicitaire de Google créée en octobre 2000.

Ce service affiche des annonces ou bannières publicitaires soit sur Google soit sur ses réseaux partenaires. Vos annonces sont ciblées en fonction des mots-clés que tape l'internaute ou de son comportement de navigation. Les annonceurs paient lorsque l'internaute clique sur la publicité selon un système d'enchère.

Avec la régie pub AdWords, les publicités sont affichées sur : les pages de recherche Google Gmail le moteur de recherche des partenaires de Google le réseau Display (des sites tierces avec AdSense) ;

Avec AdWords, vous ne payez que si ça marche

L'inscription à Google AdWords est gratuite. Vous payez uniquement lorsque des internautes cliquent sur votre annonce. Il est possible aussi de définir un coût au nombre d'impressions. Vous choisissez le montant de votre investissement. Vous définissez votre budget quotidien et l'adaptez selon vos préférences.

Attirez de nouveaux clients

Si vous cherchez à augmenter le nombre de visites sur votre site Web ou à augmenter les ventes en ligne, Google AdWords est un outil important pour attirer des clients via le SEA. Les utilisateurs de Google découvrent votre entreprise au moment précis où ils recherchent ce que vous proposez grâce à un ciblage de qualité. Un ciblage précis en fonction de votre paramétrage.

A savoir aussi

Une étude menée par l'Institut français d'opinion publique (IFOP) pour l'agence AdWords Ad's up en Juin 2013 précise que 52 % des internautes cliquent sur les liens commandités lorsqu'ils effectuent une recherche sur Google. 36% des internautes ne font pas la distinction entre les résultats naturels et les liens commandités.

Pour mon SEA ?

Pour faire du SEA avec votre site internet, la régie Google Adwords est incontournable. Il existe d'autres régies également, mais celle-ci est vraiment importante. Seul bémol, il faut quand même avoir un peu de budget pour utiliser ce service.

3 / La publicité Facebook

Avant de faire sa première annonce, il faut savoir que la publicité Facebook fonctionne selon un système d'enchère, influencé principalement par 5 variables: le type d'enchère, le budget, le ciblage, et finalement, la qualité de l'annonce et le placement.

Les types d'enchères sur Facebook

CPM : Le coût par mille. C'est le montant que vous êtes prêt à payer pour avoir 1000 affichages sur Facebook.

UCPM : La portée unique quotidienne, c'est ce qu'on appelle l'UCPM (Coût par mille unique).

CPC : Le coût par clic. Le modèle CPC a l'avantage de ne vous faire payer seulement lorsque les gens cliquent sur vos annonces.

CPA : Le coût par action. Le mode d'enchère CPA varie selon le type d'annonce que vous avez faite. Si vous avez choisi le téléchargement d'une application, le téléchargement est "l'action".

Les régies publicitaires comme AdWords fonctionnent souvent sur les mêmes types d'enchères. En fonction de votre budget vous pouvez utiliser diverses plateformes complémentaires pour faire connaître votre site web. Personnellement, j'utilise la plateforme publicitaire Facebook, elle permet de bien contrôler son budget. Son coût au clic est assez intéressant et donne de bons résultats.

Ce qui est important pour moi, c'est le coût par résultat. Dans l'exemple ci-dessus, vous pouvez constater qu'il est de 0.07 € ce qui est très bien. Pour un budget quotidien de 2 €, la campagne affiche une interaction, avec la publication de 801 et une portée de 8701, soit un coût par résultat de 0.07 € par engagement.

Si votre coût par résultat sur Facebook est très en de ça, alors il faudra revoir votre campagne publicitaire.

Comme indiqué avant, il existe d'autres plateformes publicitaires comme celle de Twitter. Si vous avez un peu de budget, n'hésitez pas à diversifier vos campagnes publicitaires.

4 / Youtube

En fonction de votre activité, Youtube peut également être un allié. Faire des vidéos sur votre activité ou même faire une chaîne est aussi complémentaire pour faire connaître votre site.

Imaginez que votre site parle de jardinage, vous pourriez réaliser des vidéos sur la plantation, le paillage... Celles-ci seront ajoutées sur votre site en parallèle de Youtube.

Youtube fonctionne un peu comme Google pour référencer ses vidéos. Pensez aussi à bien optimiser vos titres, descriptions et à faire une vidéo de qualité.

Vous aurez accès aux statistiques de vos vidéos, aux commentaires et à nombreuses fonctionnalités sur vos vidéos.

En parlant de vidéo, sachez que Facebook et Twitter proposent aussi la diffusion de vidéo, alors ne vous en privez pas !

Il est important pour un site d'avoir du contenu à proposer en plus des textes. Les images et vidéos permettent d'enrichir vos pages et d'attirer du monde.

5 / Fiche d'établissement gratuite sur Google | Google My Business ...

Si vous avez une entreprise, pensez à Google My Business ! Vous avez peut-être remarqué que certaines entreprises apparaissent sous forme de fiche dans les résultats de recherche.

Il s'agit de Google My Business ! Vous pourrez faire savoir aux utilisateurs que votre établissement est ouvert, indiquez vos horaires d'ouverture, votre numéro de téléphone et l'itinéraire à suivre pour vous trouver dans les résultats de recherche Google et Maps.

C'est un outil indispensable pour votre entreprise !

6 / Faire parler de votre site web

Un bon moyen de se faire connaître est de trouver une idée légale pour faire parler de soi. Je ne sais pas si vous avez déjà vu la vidéo dans laquelle des gens avaient passés le Karcher dans les rues d'une ville. Ayant fabriqué des gabarits au nom de leur marque, ils passaient le Karcher dans ce gabarit sur les trottoirs de la ville. Pas bête, non ? Attention quand même à bien vérifier la légalité de votre projet avant sa mise en œuvre.

7 / Proposer des articles

Comme nous en avons déjà parlé, l'échange de liens est important pour votre référencement. Une solution consiste à écrire des articles parlant de votre site (contenant votre lien) et ensuite les soumettre à des blogs. En effet, les bloggeurs sont assez occupés à écrire leurs propres articles, mais sont aussi demandeurs de contenu. N'hésitez pas à passer du temps à la rédaction de divers articles parlant de votre site (surtout pas identiques) et à prendre contact avec des Bloggeurs. Vous devrez surement en contrepartie, faire de même sur votre site, mais c'est une méthode assez efficace qui permet d'obtenir rapidement des échanges de liens.

La position 0

Devant le nombre très important de changements d'algorithme opéré par Google lui-même au sein de son moteur de recherche, les entreprises souhaitent toutes apparaître en première page. C'est ce qui est couramment intitulé le fameux triangle d'or. Ces trois premières places sont les plus consultées sur le web avec la nouvelle position 0.

La position 0 c'est quoi ?

Vous avez surement constaté, qu'en tapant des mots clés sur Google une définition associée à une image et un lien ressortait tout en haut, avant les résultats naturels et juste après les résultats commerciaux. Cette position obtient forcément de nombreux clics, mais toutes les entreprises ne peuvent l'obtenir par défaut. En effet, le critère de popularité reste le premier facteur mais le positionnement en tête des résultats également. La pertinence du contenu adressé à l'internaute l'est tout autant.

Le seo est-il mort ?

Même si l'algorithme avantage adwords, il ne faut pas oublier le SEO. En effet, grâce à une bonne optimisation SEO, vous pourrez déjà attirer des internautes qui seront proches de votre entreprise. Le référencement local ne doit pas être mis de côté, il est même essentiel à votre entreprise. Les internautes recherchent d'autant plus la proximité, autant collaborer avec des entreprises sur un plan local. Egalement, une bonne optimisation ne sera pas une perte de temps. Beaucoup d'entreprises ignorent même la capacité d'optimiser le site internet de l'entreprise afin que celui-ci puisse obtenir plus de visites et des contacts et même des ventes en augmentation Malheureusement, devant la complexité des algorithmes et par manque de temps, les entreprises sont parfois contraintes de délaisser le SEO pour faire du référencement payant via Adwords par exemple.

Mais le référencement naturel reste indispensable !

Pour résumer :

La première étape est donc de faire un site web ou un blog bien structuré et optimisé SEO, proposant du contenu riche et de façon régulière.

Utiliser les outils de suivi afin d'améliorer si besoin votre contenu et voir éventuellement les problèmes rencontrés.

Se servir des autres sites et réseaux sociaux pour constituer un maillage sur la toile internet, afin d'obtenir des liens pointant vers votre site, et attirer des visiteurs.

Avoir de la patience et travailler régulièrement !

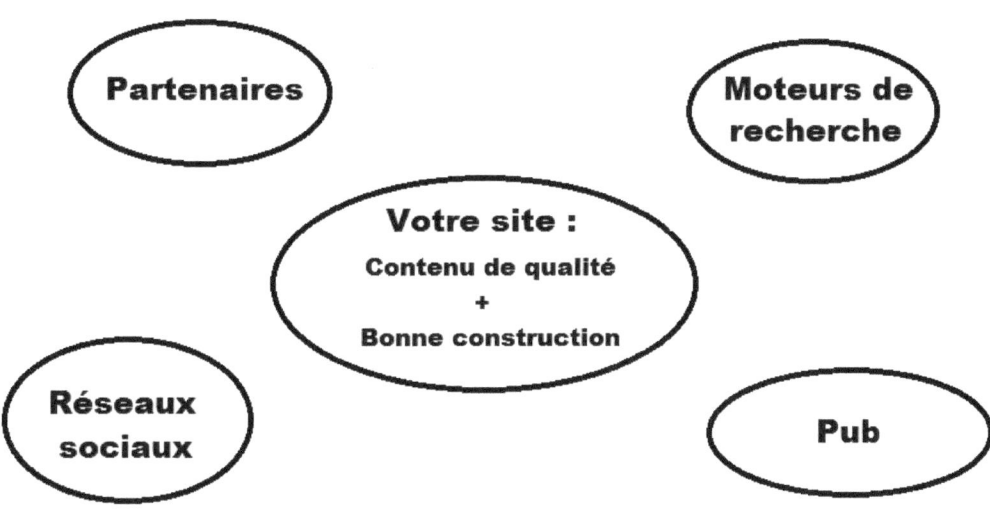

Evidemment, le but de ce livre n'est pas de rentrer dans le détail de toutes les étapes, mais de donner les grandes lignes afin de gagner du temps dans la compréhension du référencement et du marketing.

Rappelez-vous qu'il est important dans ce domaine de se tenir informé quotidiennement de l'évolution des moteurs de recherche et surtout des algorithmes.

Même si je me répète, il est indispensable d'essayer de se mettre dans la peau des visiteurs afin de comprendre ce qu'ils recherchent et comment ils naviguent sur votre site. Le grand secret réside vraiment dans l'ajout de contenu pertinent et très régulier.

Ne trichez pas avec Google, le reste devrait ce faire naturellement.

Il est assez important aussi de faire un site spécialisé dans un sujet et de ne pas s'éparpiller. Evidemment, cela dépendra de votre sujet. Par exemple, un média traite de divers sujets, mais ils sont tous en relation avec un même mot clé : L'information

Si vous avez besoin d'aide, vous pouvez toujours faire appel à des entreprises en référencement et à des professionnels en webmarketing, mais attention quand même. Généralement les vrais pros sont couteux et ne courent pas les rues.

Pour vous donner un ordre d'idée un budget de 1000 € par mois est un minimum pour avoir des résultats de qualité dans ce domaine.

Ce budget n'étant pas à la portée de tous, il est donc intéressant de suivre les conseils ci-dessus pour bien débuter. Par contre, si vous souhaitez faire du e-commerce, il peut être judicieux de vous entourer de personnes compétentes dans ce domaine.

Si vous êtes vendeurs, vous pouvez aussi faire appel à des plateformes de vente déjà bien implantées comme Amazon et autres.

J'espère que ce petit livre vous aidera dans votre aventure et permettra d'obtenir le succès souhaité à votre site.

Sylvain Nox,

Fondateur du site www.expositionpeinture.com

www.ingramcontent.com/pod-product-compliance
Lightning Source LLC
Chambersburg PA
CBHW041134200526
45172CB00019B/1249